Wie im Himmel

Impressum

 | www.brunnen-verlag.de | Redaktion: Petra Hahn-Lütjen | Layout, Design und Satz: Olaf Johannson, spoon design

Illustrationen: Johannes Ellmer | Fotos: Fancy, Spoon, Stockbyte, Ingram, SXC, Photocase | Druck: Proost, Belgien | ISBN 3-7655-6464-8 | 1. Auflage 2006

Clemens Bittlinger

Wie im Himmel

BRUNNEN
VERLAG GIESSEN

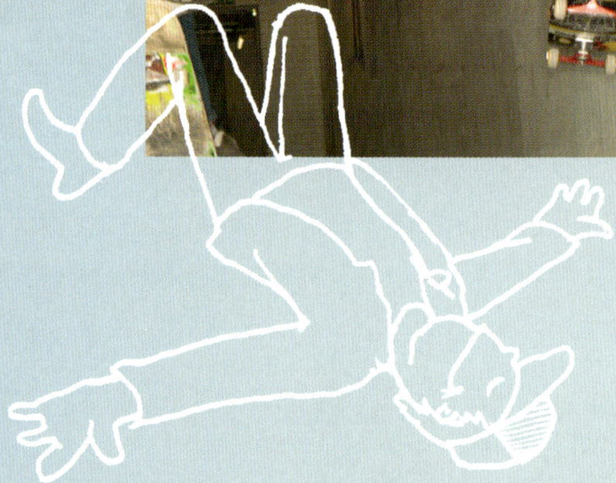

Vaterunser im Himmel.
Geheiligt werde dein Name.
Dein Reich komme,
dein Wille geschehe
wie im Himmel so auf Erden.
Unser täglich Brot gib uns heute,
und vergib uns unsere Schuld,
wie auch wir vergeben
unsern Schuldigern.
Und führe uns nicht in Versuchung,
sondern erlöse uns von dem Bösen.
Denn dein ist
das Reich
und die Kraft
und die Herrlichkeit,
in Ewigkeit.
Amen.

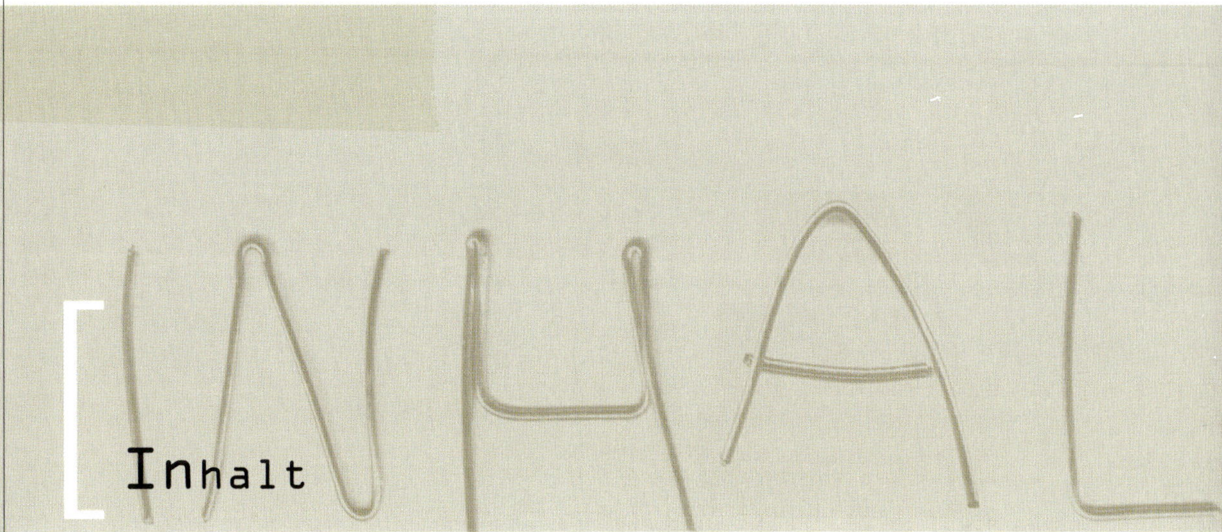

Inhalt

Vorwort

„Und suche uns nicht in der Unterführung …“, sagen Lena und Jan manchmal so zum Spaß und nehmen dabei einen der bekanntesten Texte der Bibel auf die Schippe. Um diesen Text, das „Vaterunser“, geht es in diesem Buch und um Lena und Jan, die sich und ihre eigene Welt entdecken. Dabei entdecken sie auch, wie interessant ein Gebet sein kann, ein Gebet, das Jesus seinen Freunden einmal beigebracht hat. „Wie macht man das eigentlich: Beten?“, haben sie ihn damals gefragt, und er hat ihnen diesen Text beigebracht, in dem alles drinsteckt, was man zum Leben braucht. Du glaubst das nicht? Na, dann geh doch mal auf eine spannende Entdeckungsreise mit diesem Buch und mit Lena und Jan. Viel Spaß dabei!

Dein Clemens Bittlinger

Nichts wie **raus** hier …!

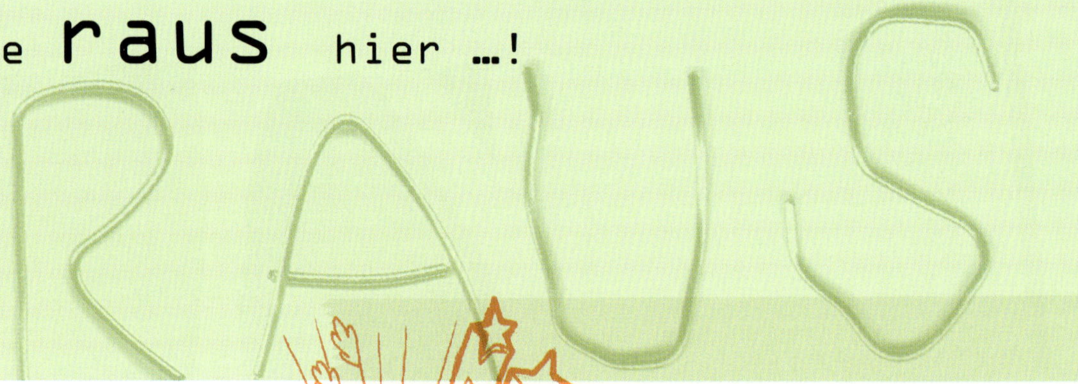

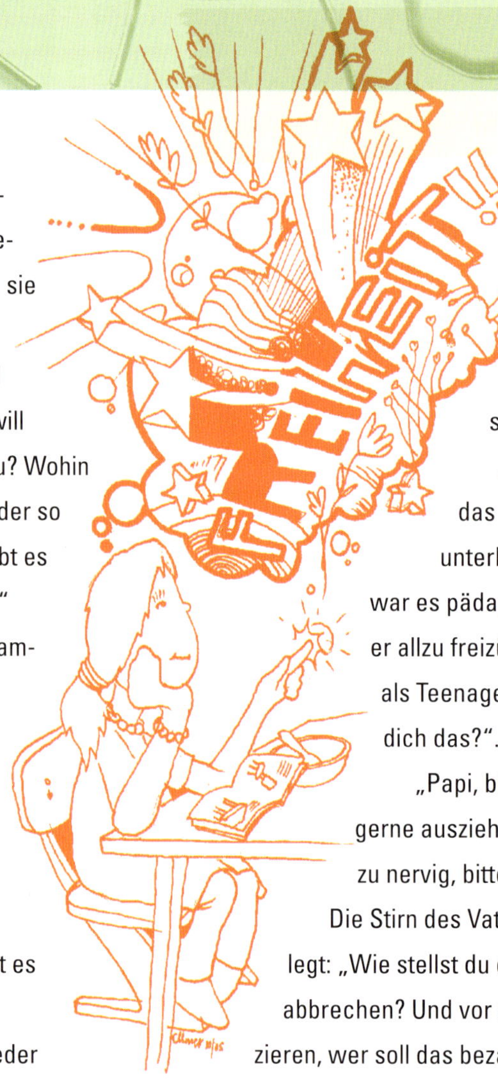

Es war ein ganz normaler Frühsommertag, als Lena von zu Hause auszog. Nur wenige Tage nach ihrem 17. Geburtstag hatte sie den Entschluss gefasst: „Ich muss raus hier! Ich halte das nicht mehr aus! Ich will endlich mein Leben selbst gestalten! Ich will nicht ständig gefragt werden: Wo warst du? Wohin gehst du? Warum war es letzte Nacht wieder so spät? – Mir ist das alles zu eng. Ständig gibt es Streit, und mein kleiner Bruder nervt total."

Und so hatte sie ihren ganzen Mut zusammengenommen und in einem günstigen Moment einfach gefragt. „Du, Papi …", hatte sie geschnurrt und sich liebevoll an ihren Vater geschmiegt, „ … kann ich mal mit dir reden?"

Neugierig, aber in aller Ruhe legte ihr Vater seine Zeitung beiseite: „Na, was gibt es denn, meine Kleine?"

„Meine Kleine", da hätte sie sofort wieder aus der Haut fahren können, aber sie biss sich auf die Lippen, schließlich hatte sie ja ein Anliegen. „Du, Papi, erinnerst du dich noch, wie es war, als du so alt warst wie ich?"

„Oh ja", erwiderte er, „sehr gut sogar, das war eine wilde Zeit …" Doch dann unterbrach er sich stirnrunzelnd. Sicher war es pädagogisch nicht besonders clever, wenn er allzu freizügig allzu viel von seinen Eskapaden als Teenager preisgab. „Aber warum interessiert dich das?".

„Papi, bitte sei mir nicht böse, aber ich möchte gerne ausziehen, mir ist es hier einfach zu eng und zu nervig, bitte, bitte …"

Die Stirn des Vaters hatte sich nun in tiefe Falten gelegt: „Wie stellst du dir das vor? Willst du etwa die Schule abbrechen? Und vor allem: Wie willst du das Ganze finanzieren, wer soll das bezahlen?"

Unser Vater im Himmel ...

Freiheit

„Ich will auch ausziehen", quakte der zwölfjährige Bruder Jan nun dazwischen, und Lena hätte ihn erwürgen können. „Siehst du, Papa, genau das ist es, was ich meine: Ich ersticke hier, mir ist das alles zu eng. Natürlich will ich die Schule fertig machen, aber ich will nun endlich beginnen, mein eigenes Leben zu leben, kannst du das nicht verstehen?"

Der Vater sah seine Tochter nachdenklich an. Groß ist sie geworden, dachte er ein wenig wehmütig; vor ihm stand nicht mehr sein „kleines Küken", vor ihm stand eine fast schon erwachsene junge Frau, die scheinbar ziemlich genau wusste, was sie wollte.

„Und bezahlen werde ich das schon irgendwie selbst – ich kann ja jobben, und ihr zahlt mir monatlich den Betrag aus, der mir als Bafög zustehen würde – damit komme ich dann schon klar."

„Hm ..."

„Bitte Papi, sag ja, lass es mich wenigstens mal probieren!", gurrte sie und bezirzte ihn mit einem

Nichts wir raus hier ...!

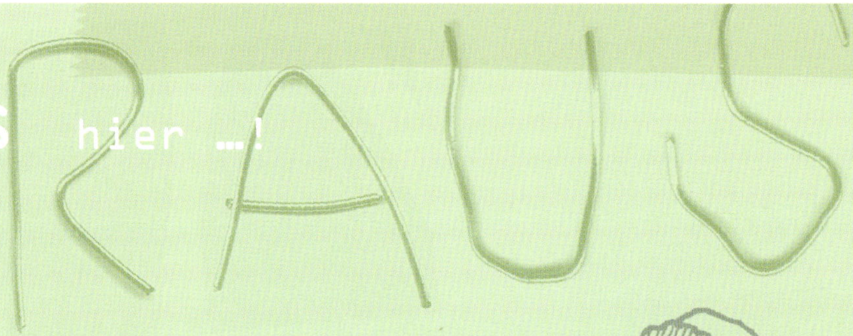

unwiderstehlichen Augenaufschlag. Nun musste er doch schmunzeln und hörte sich selbst sagen: „Warum eigentlich nicht, wir können es ja mal probieren, ich werde mit deiner Mutter reden.“

So eine ähnliche Geschichte hat Jesus einmal erzählt: die Geschichte von einem Jungen, der von zu Hause ausziehen wollte und seinen Vater gebeten hatte, ihm sein Erbe auszubezahlen – im Voraus. Und sein Vater macht es und lässt ihn gehen. Der Sohn zieht in die „große weite Welt“, und zunächst ist alles prima, bis er irgendwann kein Geld mehr hat und die übelsten Jobs annehmen muss, um überhaupt zu überleben. Und da beginnt er, wieder an sein Elternhaus zu denken und daran, dass es ihm dort auf jeden Fall viel besser gegangen ist, als es ihm in seiner momentanen Situation geht. Aber ist es möglich, zurück nach Hause zu gehen? – Er hat doch mit Pauken und Trompeten alle Brücken abgebrochen und sich sogar über seinen „zurückgebliebenen Bruder“ lustig gemacht. Doch nun ist er so fertig, dass er sich, selbst auf die Gefahr hin,

Unser Vater im Himmel ...

völlig zum Gespött der Leute zu werden, auf den Weg nach Hause macht. Und sein Vater … steht vor dem Haus und hat schon Ausschau nach ihm gehalten. All die Wochen, Monate, vielleicht Jahre hat er sehnsuchtsvoll gehofft, dass sein Sohn eines Tages zu ihm zurückkehrt. Herzlich schließt er nun seinen geliebten Sohn in die Arme, veranstaltet dann ein großes Fest, für das auf der Einladung steht: „Freut euch mit mir, denn dieser mein Sohn war verloren und ist nun wieder da!"

Deshalb heißt die Erzählung auch: das Gleichnis vom verlorenen Sohn.

Jesus erzählt diese Geschichte, um deutlich zu machen: So ein Vater ist Gott für uns Menschen. Ein Vater, der möchte, dass ich frei bin und mich entfalten kann. Ein Vater, der aber auch sehnsüchtig und liebevoll auf uns wartet, wenn wir daneben liegen, ein Vater, der uns vergibt und in die Arme schließt, wenn wir umkehren, weil wir einen falschen Weg eingeschlagen haben. – Solch einen Vater hatte Jesus im Blick, als er seinen Freunden das Gebet „Unser Vater im Himmel" beigebracht hat.

Vielleicht denkst du jetzt: „Na ja, für mich ist das kein guter Anfang, denn ich habe keinen guten Vater, und die Erfahrungen, die ich mit meinen Eltern mache, sind ganz anders …"

Das kann schon sein, deswegen heißt es ja auch: „Unser Vater *im Himmel*": Es ist ein guter, ein idealer Vater gemeint, ein Vater, so wie du dir einen Vater nur wünschen kannst – solch einen anderen Vater hast du auch – den Vater im Himmel eben. Er hat dich lieb, und du bist sein Wunschkind.

„Hoch und heilig!“

„Versprich mir hoch und heilig, dass du keinem etwas davon erzählst!“ Jans Wangen waren gerötet vor Aufregung. Er hatte heimlich in Lenas Zimmer gestöbert und dabei ihr Tagebuch entdeckt. Und natürlich auch ein bisschen darin gelesen. Das war megaverboten, das wusste Jan, denn dieses Tagebuch war seiner Schwester heilig. Ihre Träume, Wünsche, Sehnsüchte, ihre persönlichsten Gedanken und Fragen standen in diesem Buch – das ging keinen sonst etwas an. Deshalb war Jan auch so aufgeregt, als er seinem besten Freund Alex davon erzählte. „Hoch und heilig“ musste der versprechen, keinem jemals etwas davon zu sagen, schon gar nicht Lena, Jans Schwester.

„Hoch und heilig“, was bedeutet das eigentlich „heilig“?

Es bezeichnet auf jeden Fall etwas Besonderes, etwas was es sonst so auf dieser Welt nicht gibt, etwas was heil und nicht kaputt ist. In unserer Welt ist alles mehr oder weniger vergänglich, unvollkommen oder krank – demgegenüber steht die Welt des Unerklärbaren, des Göttlichen: die heile oder heilige Welt.

Wenn ich nun etwas heilige oder wenn ich sage: „Geheiligt werde dein Name“, dann sage ich damit: Ich ordne dich der göttlichen, der heilen Welt zu, und ich halte deinen Namen ganz besonders in Ehren. Das bedeutet auch, dass man den

Namen Gottes nicht achtlos und in irgendwelchen unsinnigen Zusammenhängen verwendet, sondern darauf achtet, dass er nicht in den Schmutz gezogen wird. Es soll etwas Besonderes sein, wenn dieser Name fällt.

Lena und Jan sind begeisterte Harry-Potter-Fans. Da sind sich die beiden ausnahmsweise mal einig: Dieser junge Zauberschüler ist klasse. Die blitzähnliche Narbe auf seiner Stirn stammt von einem Kampf gegen den bösen Zauberer Lord Voldemort. Damals war Harry Potter noch ein Baby, und die Liebe seiner Mutter war stärker als der Fluch des dunklen Lords. Nun wird dieser böse Zauberer in den Harry-Potter-Büchern meist nicht namentlich genannt, sondern immer nur mit „Der-dessen-Name-nicht-genannt-werden-darf" bezeichnet. Dahinter steckt die Vorstellung, dass man jemandem, wenn man ihn namentlich erwähnt, einen Platz einräumt und ihm (und sei es auch nur gedanklich) die Möglichkeit gibt, sich im Kopf und Herzen breit zu machen. Und wenn dieser Jemand ein Fiesling ist und man ihm zu viel Raum gibt, wird man unter Umständen selbst zum Fiesling.

Der Name eines Menschen ist etwas ganz Besonderes, und niemand möchte, dass sein Name verhunzt oder missbraucht wird. Niemand möchte, dass fiese Reime auf den eigenen Namen gemacht werden. Kinder ärgern sich manchmal gegenseitig, indem sie z.B. rufen: „Lena Papena" oder „Jan, Jan – Hampelmann". Es soll ein besonderer Moment sein, wenn der Name genannt wird, so etwa wie bei einem großen Auftritt, wenn der Moderator einen Star ankündigt: „Und nun, meine Damen und Herren, habe ich die große Ehre, unseren wunderbaren Stargast anzukündigen, begrüßen Sie mit mir mit einem großen Applaus: ______________________ (stell dir vor, jetzt käme dein Name). – So ähnlich ist es gemeint, wenn wir beten: „Dein Name werde geheiligt".

„Wohnst du noch oder lebst du schon?"

„Endlich habe ich eine eigene Wohnung – das ist mein Reich, hier kann ich tun und lassen, was ich will, und niemand kann einfach reinplatzen …" Überglücklich steht Lena in ihrer frisch renovierten Einzimmerwohnung. Es war ein mächtiges Stück Arbeit, diesen Raum so herzurichten, dass es auch wirklich „ihren" Geschmack traf. Es war alles ziemlich abgewohnt und heruntergekommen, als Lena ihr neues Heim zum ersten Mal in Augenschein genommen hatte, doch ihre Eltern haben ihr geholfen, haben sich vorher mit umgehört, in der Zeitung bei den Wohnungsanzeigen mit nachgeschaut, und sie selbst hat überall, beim Bäcker, beim Metzger, beim Friseur, sogar in einer Bank und natürlich am schwarzen Brett der Schule ein DIN-A4-Blatt ausgehängt mit folgender Aufschrift: „Junge Dame sucht so bald wie möglich eine gemütliche Einzimmerwohnung, die nicht so viel Miete kostet".

In die untere Längsseite dieses Blattes hatte sie ganz viele Streifen hineingeschnitten und auf jeden Streifen ihre Telefonnummer bei den Eltern geschrieben. So konnte jeder, der dazu eine Idee hatte, einfach einen Schnipsel abreißen und sie anrufen. Es hatte schon ein paar Tage gedauert, bis sie die ersten Angebote hatte, aber entweder war die Wohnung

… dein Reich komme …

zu groß und zu teuer, oder sie war in einem Vorort ihres Schulortes gelegen; und aufs Dorf ziehen wollte sie nicht. Doch irgendwann fand sich diese, auf den ersten Blick zwar nicht „traumhafte“, aber von den Bedingungen her genau passende Wohnung. Und da es eine Menge zu renovieren gab, war auch die Miete halbwegs erschwinglich. „Bald habe ich eine eigene Wohnung, bald habe ich mein eigenes Reich!“ Lena konnte es gar nicht abwarten und fieberte dem ersten Tag in „ihrem Reich“ regelrecht entgegen. Mit diesem Ziel machte es natürlich auch Spaß, die Bude leer zu räumen, die Tapeten abzulösen, das Bad, die Küche und die Toilette gründlich zu reinigen. Es war spannend, sich einen Teppichboden auszusuchen, die Farben für Boden und Wände zu bestimmen und kleinere Möbelstücke ganz neu einzukaufen. Ihr ganzer Stolz war eine super praktische Schlafcouch, die sie nachts in ihr Bett verwandeln konnte und die tagsüber als Sofa diente. Die meisten anderen Möbel konnte sie aus ihrem Zimmer mitnehmen. Sehr schnell merkte Lena: Alleine Wohnen kostet eine Menge Geld, und ihr Sparschwein war

„Wohnst du noch oder lebst du schon?“

schon ganz schön leer. Doch dann war es so weit – ihre kleine Wohnung war fertig. Alles roch so neu und so frisch! Alles war so schön sauber und ordentlich!

„Dein Reich komme“, beten wir im Vaterunser – auch Gott hat eine klare Vorstellung und Ideen, wie „sein Reich“ aussehen soll. Deshalb kam Jesus auf die Welt, um uns zu sagen und zeigen, wie Gott sich sein Reich vorstellt. Das Wichtigste in diesem Reich ist die Liebe. Und die Liebe zu den sozial Schwächeren, zu den Armen und Kranken, die Liebe zu Frieden und Gewaltlosigkeit konnte man im Leben Jesu klar erkennen. Deshalb waren und sind die Menschen bis zum heutigen Tag so fasziniert von diesem Mann – weil er anders war, weil man an ihm erkennen konnte, wie Gott sich den Menschen gedacht hatte, als er ihn geschaffen hat. Jesus hat immer wieder gesagt: „Kehrt um, denn das Reich Gottes bricht an!“ Und als ihn seine Freunde gefragt haben: „Ja, wo ist es denn, dieses Reich?“, hat er geantwortet: „Das Reich Gottes ist nicht so beschaffen, dass man sagen könnte ‚hier‘ oder ‚dort ist es‘, sondern dieses Reich beginnt in euren Herzen.“ Es beginnt da, wo wir, du und ich selbst anfangen, auf die Liebe zu vertrauen, selbst mithelfen, dass diese Welt sozialer, gerechter und friedlicher wird. Menschen, die sich von Jesus inspirieren lassen und beten „dein Reich komme“ und dabei auch ihr eigenes Leben meinen und verändern lassen, solche Menschen nennt man Christen.

... dein Reich komme ...

„Bitte nicht **stören!**“

„Nicht stören!“ steht auf dem Pappschild, das sich Jan an die Klinke seiner Zimmertür gehängt hat. Und wenn da dieses Schild hängt, wissen die Eltern, dass sie nicht einfach hereinkommen dürfen.
Auch Jan hat natürlich „sein Reich“, das ist sein Zimmer, und dort darf er schalten, walten und gestalten, wie er es für richtig hält. Jeder Mensch braucht so ein eigenes Reich, in dem er oder sie bestimmen kann, was geschieht. Das muss kein eigenes Zimmer sein, sondern einfach „etwas für sich haben“. Zeit zum Beispiel. Wusstest du, dass es weltweit viele Millionen von Jugendlichen gibt, die kein „eigenes Reich“ haben und die ganz selten einmal selbst bestimmen können, wie ihr Tag aussieht? Wusstest du, dass viele Kinder und Jugendliche gezwungen sind, für einen Hungerlohn hart zu arbeiten, damit sie nicht verhungern?

... dein Wille geschehe ...

Manchmal haben Jan und sein Freund Alex Langeweile, und dann fangen sie an zu streiten, und jeder will bestimmen, was und wie gespielt wird. In solchen Momenten sagt im Grunde jeder: „Mein Wille geschehe!"

Das Vaterunser wendet sich an Gott und bittet ihn, dass er uns neue Ideen schenkt, dass er uns unsere Begabungen entdecken lässt und dass er uns hilft, dass wir es lernen, nicht nur an uns zu denken, sondern besser und liebevoller miteinander umzugehen. Deshalb beten wir: „Dein Reich komme, dein Wille geschehe."

„Bitte nicht stören!"

Mein Wille geschehe ...

... *ich weiß oft gar nicht, was ich will*
... *ich will gut leben*
... *ich will mich amüsieren*
... *ich will genug Geld haben*
... *ich will gesund sein*
... *ich will Freunde haben*
... *ich will morgens ausschlafen*
... *ich will abends lange aufbleiben*
... *ich will den ganzen Tag Computer spielen*
... *ich will ...*

Dein Wille geschehe ...

... *du willst, dass ich mich selbst entdecke*
... *du willst, dass ich neugierig bin auf andere*
... *du willst, dass ich sinnvoll lebe*
... *du willst, dass ich träume*
... *du willst, dass ich aufwache*
... *du willst, dass ich mein Ziel entdecke*
... *du willst, dass allen Menschen geholfen wird*
... *du willst, dass ich die Liebe entdecke*
... *du willst, dass ich lache und weine*
... *du willst, dass ich ein heiler Mensch werde*

... dein Wille geschehe ...
Geld
Gesundheit
Freunde

„wie im Himmel…“

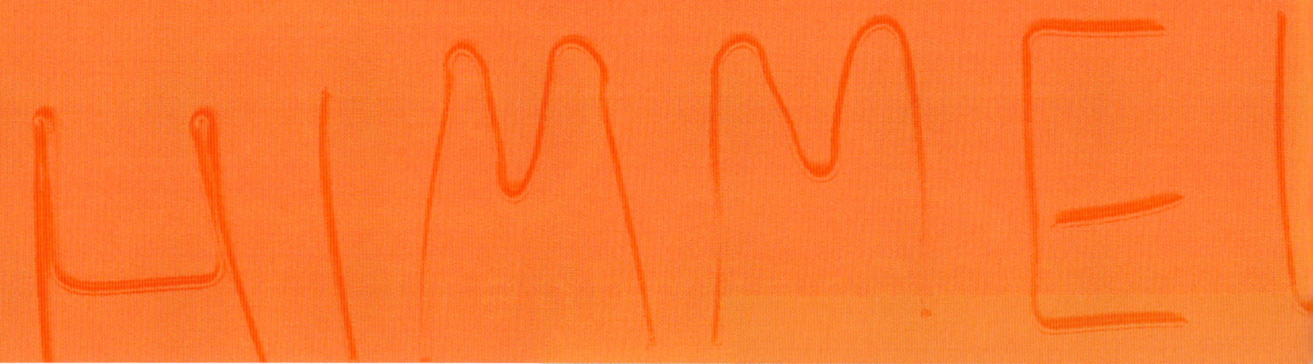

Immer wieder kommt Lena nach Hause. Zu den Eltern. Sie hat ja auch noch ihr Zimmer dort in ihrem Haus. Seit sie jedoch ihre eigene Wohnung hat, hat sie sich ein paar Dinge angewöhnt, die sie im Haus der Eltern nicht machen durfte. So dreht sie z.B. manchmal, wenn sie von der Schule in ihr Appartement kommt, ihre Stereoanlage richtig laut auf, dass die Bude dröhnt. Neulich hat sie das auch im Wohnzimmer ihres Elternhauses gemacht und hat sich gar nichts dabei gedacht, obwohl Jan am Esszimmertisch gerade seine Hausaufgaben machte. „Mach sofort die Musik aus!“, schrie Jan sie an, „ich kann mich überhaupt nicht konzentrieren, du bist hier nicht alleine!“

„Wieso, bei mir in meiner Wohnung dreh ich immer die Musik laut auf, wenn ich nach Hause komme! Das habe ich mir so angewöhnt“, hat Lena da erwidert – und schon gab es Streit, weil sie der Meinung war, dass sie sich bei ihren Eltern genauso verhalten könnte, wie in ihren eigenen vier Wänden.

„Wie im Himmel so auf Erden“, beten wir im Vaterunser. Es gibt einen Ort, der durch die Liebe Gottes bestimmt ist – diesen Ort nennen wir Himmel. An diesem Ort, so sagt die Bibel, wird Gott alle Tränen abwischen, es wird kein Leid, keine Verzweiflung und keine Ungerechtigkeit mehr geben. Solch einen Ort, an dem Harmonie und Frieden herrscht, wünschen wir Menschen uns auch hier in unserem Leben, und deswegen beten wir: „Dein Reich komme, dein Wille geschehe wie im Himmel so auf Erden“.

Manchmal sagen wir: „Ich fühle mich wie im siebten Himmel“, und meinen damit ein ganz tolles und glückliches Gefühl. „Wie im Himmel“ eben, in einem Zustand, in dem einfach alles stimmt und wir uns beruhigt fallen lassen können – ohne Wenn und Aber.

... wie im Himmel
so auf Erden ...

„wie im Himmel…“

Wie im Himmel … fühle ich mich …
… wenn ich frisch verliebt bin
… wenn ich richtig gut ausgeschlafen bin
… wenn ich lauter leckere Sachen zu essen und zu trinken bekomme
… wenn ich mich verstanden fühle
… wenn ich eine tolle Reise machen kann
… wenn ich eine schwere Prüfung gut bestanden habe
… wenn …

… so auf Erden …
Wie schön wäre es …
… immer verliebt zu sein
… immer gut ausgeschlafen und gut gelaunt zu sein
… immer sich satt essen zu können, sogar essen zu können, was einem schmeckt
… immer richtig verstanden zu werden
… immer wieder in ferne Länder zu reisen
… immer und überall die Probleme souverän zu meistern
… immer ….

Der Himmel ist ein paradiesischer Ort. Ein Ort ohne Leid und Tränen eben.

Der Sänger und Gitarrist Eric Clapton hat, nachdem sein fünfjähriger Sohn tödlich verunglückt war, ein Lied über den Himmel geschrieben. Dieses Lied heißt im Englischen „Tears In Heaven“. Der folgende deutsche Text ist durch dieses Lied stark inspiriert:

Sehen wir uns dort?
Wirst du mich auch erkennen,
dort an jenem Ort,
den wir hier Himmel nennen?
Ich brauche Kraft
hier durchzustehn,
doch ich weiß,
dass wir uns einmal wiedersehen.

Hältst du meine Hand,
wenn wir uns wiedersehen.
Ich bin ausgebrannt,
hilf mir weiterzugehen,
sonst find ich nicht
durch Nacht und Licht
meinen Weg zu dir,
um dich wiederzusehen.

Zeit, du machst mich krank,
zwingst mich in die Knie.
Zeit, du brichst mein Herz.
Bitte nimm den Schmerz,
aber wie?

Sehen wir uns dort?
Wirst du mich auch erkennen,
dort an jenem Ort,
den wir hier Himmel nennen?
Jenseits der Zeit
gibt es kein Leid,
keine Tränen an dem Ort,
den wir Himmel nennen.

satt

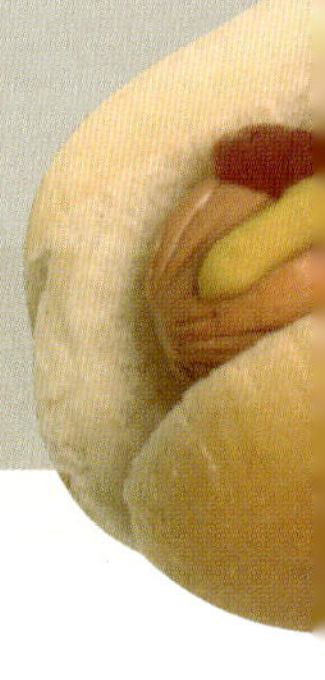

„voll satt“

„Jetzt habe ich aber mächtig Kohldampf“, denkt Lena – es ist Samstag Spätvormittag, sie hat mal so richtig schön ausgeschlafen und schlurft nun noch etwas schlaftrunken zum Kühlschrank. Doch der ist leider ziemlich leer.

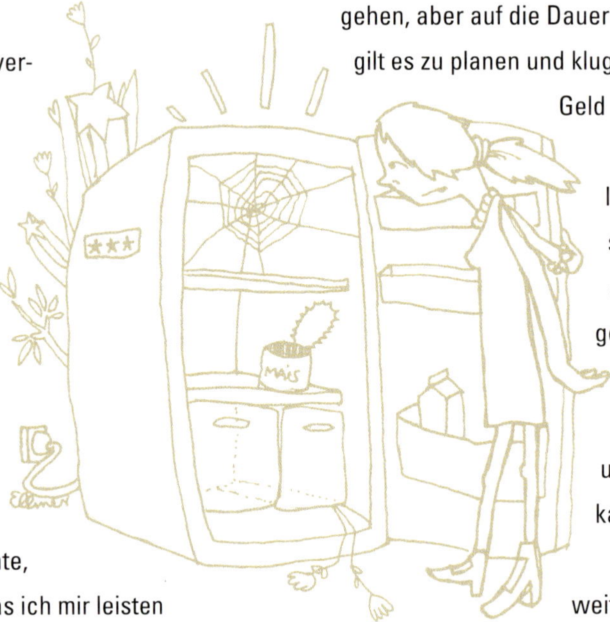

Als Lena noch bei den Eltern gewohnt hat, war es ganz selbstverständlich, dass immer genügend zu essen und zu trinken da war. Jetzt, wo sie ihr eigenes Reich hat, merkt sie auf einmal, dass es nicht selbstverständlich ist, dass Brot, Milch und Marmelade auf dem Tisch stehen. Sie merkt: Ich muss mich selbst darum kümmern, ich muss vorher überlegen, was ich die nächsten Tage essen und trinken möchte, dann muss ich mir überlegen, was ich mir leisten kann – und zwar so, dass mein Geld für den ganzen Monat reicht. Dann muss ich einen Einkaufszettel schreiben und einkaufen gehen. Beim Einkaufen muss ich auf die Preise achten. Und auf das Verfallsdatum und darauf, dass ich daheim die Lebensmittel richtig lagere. Also Milch, Käse, Butter und Wurst kommen in den Kühlschrank, und Nudeln, Konserven, Müsli, Mehl, Zucker etc. kommen in den normalen Vorratsschrank.

Natürlich kann sie an diesem Vormittag erst mal noch in einem Café eine Kleinigkeit frühstücken und dann einkaufen gehen, aber auf die Dauer kann sie sich das nicht leisten. Jetzt gilt es zu planen und klug zu wirtschaften, wenn sie mit ihrem Geld auskommen möchte.

Vieles, was wir für selbstverständlich halten, ist eben nicht selbstverständlich. In manchen Ländern dieser Erde haben die Menschen nicht genug zu essen, sie haben auch nicht die Möglichkeit, Essen und Trinken zu besorgen – es gibt keine Arbeit, um Geld zu verdienen, und ohne Geld kann man keine Nahrung kaufen.

Wusstest du, dass jeden Tag weltweit 18 000 Menschen, meistens Kinder, einfach verhungern, weil sie nichts haben? Für diese Menschen hat die Bitte „Unser tägliches Brot gib uns heute“ einen ganz anderen Klang als vielleicht für dich.

Hinter dieser Bitte des Vaterunsers steckt aber auch die Frage nach der Gerechtigkeit in dieser Welt bzw. die Frage

„... unser tägliches Brot gib uns heute ...“

nach der gerechten Aufteilung der Güter. Und da gibt es einen großen Graben zwischen den Menschen, die auf der nördlichen Halbkugel leben und denen auf der südlichen Halbkugel. Wenn wir beten „Unser tägliches Brot gib uns heute“, dann stellen wir gleichzeitig damit die Frage: Was können wir tun, damit tatsächlich jeder Mensch sein tägliches Brot erhält. Aus dieser Frage heraus sind z.B. die Organisationen „Brot für die Welt“ oder Projekte der Basler Mission entstanden.

Informationen über konkrete Projekte erhältst du z.B. über: www.brot-fuer-die-welt.de oder über www.misereor.de.

Da gibt es z.B. die „Zwei-Euro-Kampagne“ und die Jugendaktion „Auf den Spuren Jesu“. Eine jährliche Jugendaktion findest du unter: www.jugendaktion.de und eine jährlich wechselnde Aktion für Konfirmanden und Firmlinge unter: www.nmz-mission.de, Stichwort „Jugendaktion“.

Du merkst, „Brot“ meint viel mehr als einfach nur die Backware; damit ist all das gemeint, was wir brauchen, um zu leben. Wohl aus diesem Grund bezeichnet sich Jesus von Nazareth an einer Stelle selbst als das Brot, wenn er sagt: „Ich bin das Brot des Lebens, wer zu mir kommt, den wird nicht hungern.“ (Johannes-Evangelium) ✸

satt

„voll satt"

Brotmeditation

Brot,
gutes, nahrhaftes Brot –
wie das duftet!
Allein der Gedanke daran
lässt mir das Wasser
im Mund zusammenlaufen.

Vergiss die labberigen
Fast-Food-Brötchen
Und den ganzen
künstlichen Chemiekram
aus irgendwelchen
Großbäckereien.

Brot, das schmeckt –
einfach so.
Brot, das satt macht –
ein Genuss,
auch Tage später noch.

Nicht nur unser Magen,
nicht nur unser Körper
braucht Nahrung.
Auch unser Herz
hat Sehnsucht, hat Hunger,
braucht Brot.

Jesus sagt:
Ich bin das Brot,
dieses echte, nahrhafte
und wohl gereifte Mittel,
das deinen Hunger nach Liebe
und sinnvollem Leben stillt.

Durch die Worte der Bibel,
die Erzählungen, Gleichnisse
und Lieder komme ich zu dir.
Nimm mich auf,
teile mich und du wirst sehen:
ich wachse und vermehre mich,
und auch andere werden satt.

Ich bin das Brot,
das dir Kraft gibt,
aufzubrechen
und gemeinsam mit anderen
die Zukunft zu meistern.

„Ich bin das Brot des Lebens,
wer zu mir kommt,
den wird nicht hungern."

(Joh. 6,35)

„… unser tägliches Brot gib uns heute …“

„Danke für das Essen“

Wenn es stimmt, dass es tatsächlich nicht selbstverständlich ist, dass wir immer genug zu essen und zu trinken haben, dann ist es ja vielleicht auch eine gute Idee, dass wir uns vor dem Essen bei Gott bedanken, dass wir genug zu essen haben und satt werden können:

Tischgebet

Lieber Gott!
Hab Dank,
dass ich heute
wieder satt werden darf.
Hab Dank
für das Essen.
Hab Dank
für das Trinken.
Hab Dank,
dass ich essen,
trinken und leben darf.
Amen

„... Mein geheimes Leben"

Das Tagebuch von Lena einfach zu nehmen und darin zu lesen, das war nicht okay. Jan weiß das und hat deshalb auch ein schlechtes Gewissen. Aber zum Glück ahnt seine Schwester ja nichts davon, sonst wäre die Hölle los – das würde sie ihm niemals verzeihen. Sicher, früher haben sie sich richtig oft gestritten, das ist ja auch normal bei Geschwistern. Eine Schwester und ein Bruder können sich so ziemlich über alles streiten: Ob das nun beim Essen, beim Fernsehen oder einfach nur an einem langweiligen Sonntagnachmittag ist – der Grund für einen Streit ist schnell gefunden. Und ruckzuck geht es aber auch wegen der kleinsten Kleinigkeit gleich in die Vollen. Da wird geschrien, gebissen, geknufft und gezankt, bis die Fetzen fliegen. Und wenn die Mutter dann ruft: „Lena, nun hör doch endlich auf deinen kleinen Bruder zu ärgern!", dann ruft Lena sofort zurück: „Er hat aber angefangen."

Wenn es darum geht, einen Schuldigen zu finden, dann zeigen wir schnell und zunächst mal auf den anderen: „Der hat aber angefangen, der ist eigentlich schuld." Dazu sagt Jesus: „Was suchst du den Splitter im Auge deines Bruders und siehst nicht den Balken in deinem eigenen Auge?" – Probiere das einmal aus: Wenn du mit dem ausgestreckten Zeigefinger auf einen anderen deutest, dann zeigen die restlichen drei Finger auf dich selbst.

„Und vergib uns unsere Schuld ...", beten wir im Vaterunser, und das bedeutet, dass wir ehrlich sind und zugeben, dass wir oft schuldig werden und uns falsch verhalten. Vielleicht wird ein Mensch, der zu Gott betet, auch deshalb ehrlich, weil er merkt: Hier habe ich es mit jemandem zu tun, der mich von Grund auf kennt, der mich besser kennt als ich mich selbst (bis in die letzte Haarspitze) und der genau weiß, was ich denke, fühle und wie ich handle.

Gott, dem Schöpfer des Kosmos, der auch dich und mich geschaffen hat, kann ich nichts vormachen. Das ist einerseits erschreckend, denn wer möchte schon gerne völlig durchschaut werden. Aber andererseits ist es auch sehr schön, denn Gott hat dich lieb, und er möchte dein Freund sein – und das, OBWOHL er dich so gut kennt.

„... und vergib uns unsere Schuld ...“

Ohne Vergebung können wir nicht leben. Vielleicht denkst du jetzt: Wieso, ich habe doch gar nichts Schlimmes gemacht. Sicher, jeder macht mal einen Fehler, aber so schlimm ist das auch wieder nicht ... – Stell dir vor, du würdest jeden Tag von anderen an alles, was du bisher in deinem Leben falsch gemacht hast, erinnert und du würdest andere jeden Tag an das erinnern, was sie falsch gemacht haben – das Leben wäre nicht mehr schön, oder? Und wie gut ist es dagegen, wenn man sich aussprechen kann, wenn man einen Fehler zugeben kann und wenn einem jemand verzeiht. Dann kannst du durchatmen und neu anfangen ... und musst nicht mit einem schlechten Gewissen wie ein geprügelter Hund durch die Gegend laufen.

Gott unser Vater, wartet mit offenen Armen auf dich und darauf, dass du zu ihm zurückkehrst. Er zeigt uns seine Freundschaft in dem Menschen Jesus von Nazareth, der sich auf seine Liebe und Freundschaft zu dir und zu mir festnageln lässt – am Kreuz von Golgatha. Jesus der Unschuldige wird zum Tode verurteilt, und ich, der ich eigentlich schuldig bin, darf leben. Befreit leben. Jesus befreit uns vom

„… Mein geheimes Leben"

TOP SECRET

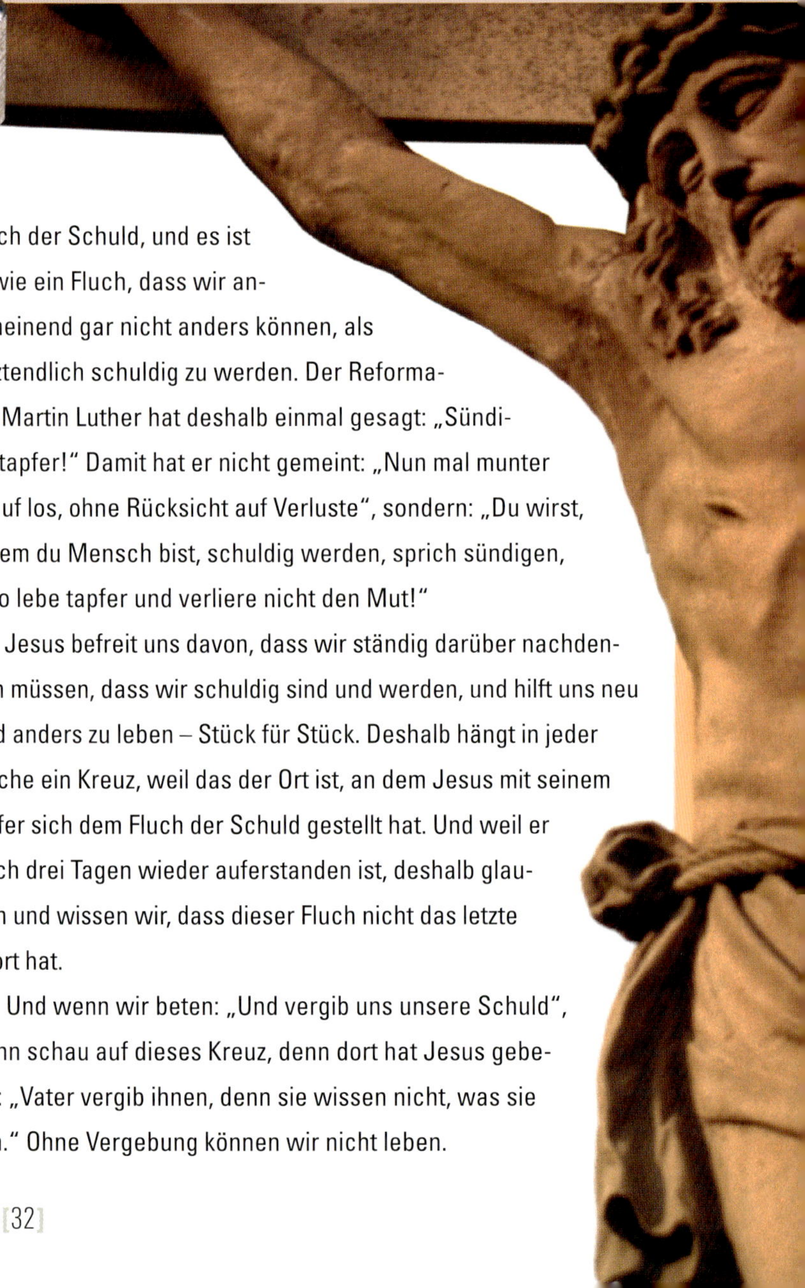

Fluch der Schuld, und es ist ja wie ein Fluch, dass wir anscheinend gar nicht anders können, als letztendlich schuldig zu werden. Der Reformator Martin Luther hat deshalb einmal gesagt: „Sündige tapfer!" Damit hat er nicht gemeint: „Nun mal munter drauf los, ohne Rücksicht auf Verluste", sondern: „Du wirst, indem du Mensch bist, schuldig werden, sprich sündigen, also lebe tapfer und verliere nicht den Mut!"

Jesus befreit uns davon, dass wir ständig darüber nachdenken müssen, dass wir schuldig sind und werden, und hilft uns neu und anders zu leben – Stück für Stück. Deshalb hängt in jeder Kirche ein Kreuz, weil das der Ort ist, an dem Jesus mit seinem Opfer sich dem Fluch der Schuld gestellt hat. Und weil er nach drei Tagen wieder auferstanden ist, deshalb glauben und wissen wir, dass dieser Fluch nicht das letzte Wort hat.

Und wenn wir beten: „Und vergib uns unsere Schuld", dann schau auf dieses Kreuz, denn dort hat Jesus gebetet: „Vater vergib ihnen, denn sie wissen nicht, was sie tun." Ohne Vergebung können wir nicht leben.

„... und vergib uns unsere Schuld ...“

Mein geheimes Leben (Gebet)

Mein geheimes Leben
tief im Labyrinth
meiner tausend Träume
die dort gefangen sind
hat mich nie vergessen,
meldet sich, ist da,
wenn ich nachts nicht schlafe,
spür ich es ganz nah.

Mein geheimes Leben
findet selten statt,
in verborgnen Räumen
funkelt es nur matt.
Mein geheimes Leben
sieht so anders aus,
vielleicht kommt es einmal
ganz von selber raus.

Mein geheimes Leben
kennst alleine du,
Tränen mancher Sehnsucht
gehören wohl dazu,
zu dem ganzen Menschen,
den du liebst und willst,
dessen Durst und Hunger
du am Ende stillst.

Mein geheimes Leben
hab ich manchmal satt.
Ich erschrecke vor dem,
was es in sich hat.
Mein geheimes Leben
birgt so manche Schuld.
Doch du lässt mich leben,
Schöpfer der Geduld.

In Gedanken
und in Worten
und in Werken
– mein geheimes Leben.

Mein geheimes Leben
kennst alleine du,
Tränen mancher Sehnsucht
gehören wohl dazu,
zu dem ganzen Menschen,
den du liebst und willst,
dessen Durst und Hunger
du am Ende stillst.

„Der Sprung über den eigenen Schatten“

„Es tut mir Leid.“ Kaum ein Satz fällt uns so schwer wie diese vier Wörtchen. Es ist schon hart, wenn man sich eingestehen muss, ich habe Mist gebaut, ich habe den anderen verletzt, und die Tatsache, dass wir nun Streit haben und dass nun gar nichts mehr geht, ist meine Schuld. Wenn ich bereit wäre, den ersten Schritt zu tun und dem anderen das zu sagen, was wir im Vaterunser gerade gebetet haben: „Vergib mir meine Schuld“, dann würde das sehr viel lösen. Das wäre der erste große Schritt, die ausgestreckte Hand, die das Gegenüber dann ergreifen könnte. Aber auch das fällt uns unendlich schwer, dem anderen zu vergeben und zu sagen: „Okay, ich vergebe dir – ich will dir nicht mehr böse sein!“

Du merkst, so etwas kann man nicht so nebenbei, gewissermaßen zwischen Tür und Angel verhandeln, so etwas braucht Zeit und Sensibilität. Es reicht eben nicht, trotzig zu sagen: „Na gut, dann tut es mir halt Leid!“, nur um das Schweigen und die miese Stimmung zu beenden. Der andere muss es auch spüren und sehen, dass du es ernst meinst und dass es dir Leid tut.

Und je nachdem, wie schlimm die Verletzung ist, die du dem anderen zugefügt hast, braucht es auch nach dieser ersten Entschuldigung und der Vergebung durch den anderen manchmal eine längere Zeit, bis die Wunden geheilt sind und wir einander wieder vertrauen können.

Das gilt für schwere Verletzungen. Denn es gibt neben den leichteren auch wirklich schwere Verletzungen. Und es gibt unsagbar schwere Schuld. Etwa die Tatsache, dass im Dritten Reich unter der Diktatur von Adolf Hitler Millionen von Juden umgebracht wurden. Das wirkt bis heute, viele Jahrzehnte später, noch nach und kann als Beispiel, wie wir Deutschen an einem anderen Volk schuldig geworden sind, niemals vergessen werden. Diese massenhafte Ermordung von Juden nennt man den Holocaust. Und weil wir dieses Verbrechen, das von unserem Land ausging, ernst nehmen, deshalb gibt es z.B. das Holocaust Mahnmal in Berlin. Der Spruch „Die Zeit heilt alle Wunden“ stimmt so nicht – hier merken wir: Das wird immer eine Wunde in unserer Geschichte bleiben.

„… wie auch wir vergeben unsern Schuldigern …“

Es ist zwar wichtig, dass wir immer wieder betonen, wie Leid uns das tut, was damals passiert ist, es ist aber auch wichtig, dass wir verstehen, dass man mit diesem Thema nicht spaßen kann. Stell dir, vor deine Großeltern wären von den Nazis umgebracht worden – dann wärst auch du gegenüber den Nachkommen der Nazis zumindest misstrauisch, oder?

Und wenn du dann auf einmal hörst, dass es in Deutschland schon wieder neue Nazis, Neonazis, gibt, die auch noch behaupten, das mit dem Holocaust würde alles gar nicht stimmen, dann würden diese alten Wunden oder Narben über den Verlust deiner Familie auf einmal wieder schmerzen. Wie schwer kann einem dann der Satz fallen: „ … wie auch wir vergeben unseren Schuldigern“.

Du merkst, dass Vergebung manchmal keine einfache Angelegenheit ist. Wenn man möchte, dass eine Sache wieder in Ordnung kommt, kommt es vor allem auf eines an: dass man miteinander im Gespräch bleibt.

In der Philosophie und in allen Religionen gibt es die so genannte Goldene Regel, die besagt: „Was du nicht willst, was man dir tu’, das füg’ auch keinem andern zu“. Jesus hat es positiv formuliert: „Was du willst, das andere dir tun sollen, das tu du ihnen auch.“

Das Gebet „… und vergib uns unsere Schuld, wie auch wir vergeben unseren Schuldigern“ führt diese allgemeine Verhaltensregel noch einen Schritt weiter, indem es Gott, unseren Vater, mit ins Spiel bringt. Wenn ich dieses Gebet ernst meine, dann bedeutet das, dass ich nicht darauf warte, bis der andere mir vergibt („… dann kann auch ich ihm vergeben“), sondern

„Der Sprung über den eigenen Schatten“

dass ich erkenne, dass Gott mir meine Schuld vergeben hat, dass er mich liebt und dass er mir vergibt, obwohl ich täglich schuldig werde. Und dass ich deshalb, weil ich mich von Gott geliebt und bei ihm geborgen weiß, auf den anderen zugehen und ihm vergeben kann. Das unterscheidet einen betenden Menschen von anderen: Er weiß, dass Gott ihm die Liebe und die Kraft schenken kann, über seinen Schatten zu springen und den ersten Schritt auf andere hin zu tun – und das nimmt er in Anspruch. Das klingt jetzt vielleicht einfach, ist es aber nicht, denn manches, was ich im Kopf weiß, braucht noch ganz viel Mut, dass ich es auch umsetze. Wie schwer fällt es mir, nach einem Streit mit einem Freund den ersten Schritt zu tun und auf den anderen zuzugehen. Immer habe ich, wie ein kleines Kind, im Kopf „aber der andere hat angefangen“. Vor einigen Jahren habe ich ein Lied geschrieben, das heißt: „Wir wollen aufstehn, aufeinander zugehn, voneinander lernen, miteinander umzugehn, aufstehn, aufeinander zugehn und uns nicht entfernen, wenn wir etwas nicht verstehn.“ Das Gebet kann uns helfen, dass wir aufstehn und „über unseren Schatten springen“.

Du hast mich verletzt und hast etwas weitergesagt,
was ich nur dir anvertraut habe, geh weg ...
... wie auch wir vergeben unsern Schuldigern

Dieser Lehrer kotzt mich wirklich an,
er ist launisch, unfähig und hat mich auf dem Kieker ...
... wie auch wir vergeben unsern Schuldigern

„… wie auch wir vergeben unsern Schuldigern …“

SPRUNG

Meine Eltern haben keine Ahnung,
sie sind nur mit sich beschäftigt und verstehn mich nicht …
… wie auch wir vergeben unsern Schuldigern

Einige meiner Mitschüler sind echt ätzend,
immer versuchen sie, sich wichtig zu machen …
… wie auch wir vergeben unsern Schuldigern

Wahrscheinlich fallen dir noch ganz andere Situationen ein, in denen du vielleicht denkst: Das geht doch gar nicht – ich kann nicht über meinen Schatten springen.

Das Gebet Vaterunser möchte uns Mut machen, mit dem scheinbar Unmöglichen zu rechnen und Gott um Liebe und Kraft zu bitten, dass wir beginnen, die Teufelskreise von Schuld und Schuldzuweisungen zu durchbrechen. Nämlich indem wir einseitig „abrüsten“, indem wir uns verletzbar machen und lernen, dem anderen zu vergeben. ✷

„… und suche uns nicht in der Unterführung"

Endlich kann Lena in ihrer eigenen Wohnung mal all die Dinge machen, die früher zu Hause nicht möglich gewesen sind, z.B. stundenlang einfach die Glotze anlassen, einen Spielfilm nach dem anderen schauen, möglichst lange aufbleiben und fünfzig Mal hintereinander denselben Lieblingssong hören. Endlich kann sie sich mit zwei Tüten Chips und einer Eineinhalb-Liter-Flasche Cola vor den Fernseher lümmeln, braucht nicht aufräumen und kann am nächsten Tag so lange schlafen, wie sie will. Die Versuchung ist groß, sich nun richtig gehen zu lassen, denn es ist ja auch niemand mehr da, der sagt: „Tu dies und lass das!"

Irgendwann merkt Lena aber auch, dass nach stundenlangem Fernsehen so ein leeres Gefühl zurückbleibt – man erinnert sich irgendwie an gar nichts mehr und merkt nur, dass die Zeit halt irgendwie vorübergerauscht ist. Und wenn man sich tagelang und nächtelang von Chips, Cola und Fast-Food ernährt, dann fühlt man sich irgendwann nicht mehr fit … und mancher stellt bei einem Blick auf die Waage fest, dass das vielleicht auch keine so ganz tolle Idee ist (mancher gleich – mancher erst Jahre später, wenn es zur Gewohnheit geworden ist. Und das ist nicht die bessere Variante). Und irgendwann fühlt man sich auch in einer völlig unaufgeräumten Bude nicht mehr wohl und fängt zu seinem eigenen Erstaunen von selbst an aufzuräumen.

„Und führe uns nicht in Versuchung", beten wir, und das mit gutem Grund, denn wir leben in einer Zeit und einer Gesellschaft, in der sich ganze Industriezweige darauf spezialisiert haben,

„ ... und führe uns nicht in Versuchung ... “

uns „in Versuchung zu führen“. Fernsehsender wie RTL oder Pro 7 finanzieren sich fast ausschließlich dadurch, dass sie uns „in Versuchung führen“, indem sie nämlich Werbespots schalten, die uns durch schnelle und gut gemachte Bilder medial so gekonnt umspülen, dass wir wie hypnotisiert in die Geschäfte laufen und uns unbedingt die neuste CD von unserem Lieblingsstar kaufen müssen. Es gibt reine Verkaufssender, wie z.B. QVC , die Millionengewinne nur damit einspielen, dass sie den Zuschauern einreden: „Wenn du dieses Produkt jetzt nicht sofort kaufst (d.h. jetzt direkt den Telefonhörer abnimmst und bestellst), hast du ein Riesenschnäppchen verpasst!“ Und viele Leute kaufen etwas, was sie gar nicht brauchen und obwohl sie eigentlich knapp bei Kasse sind. Die Lockmittel dabei sind der angebliche Super-Sonderpreis und die nur begrenzt vorhandene Menge. Wenn das Ganze nun noch geschickt von einem hervorragend geschulten Moderator präsentiert wird, dann wächst in uns leicht die Versuchung, wider alles bessere Wissen, das jeweilige Produkt „haben“ zu wollen. Und eben mal zu kaufen.

Wenn man mit kleinen Kindern in einen Supermarkt geht, wird man feststellen, dass bestimmte Produkte, wie z.B. Kinder-Überraschungseier im Kassenbereich oft so platziert sind, dass auch Kleinkinder sie gut erreichen können und fast automatisch in die Hand nehmen. Das ist natürlich volle Absicht der Verkaufsleiter; die Kinder sollen „in Versuchung“ geführt werden, nach der Süßigkeit zu greifen, und die Eltern sollen beim Anblick ihrer bettelnden Kleinen „in Versuchung“ geführt werden, das Überraschungsei nun auch zu kaufen. Und so kann man regelmäßig Diskussionen zwischen Eltern und ihren Kleinen im Supermarkt an der Kasse beobachten.

In Jans Klasse gibt es ein paar Jungs, die schon heimlich rauchen. Und die so tun, als sei das ganz besonders cool. Wenn die als Clique zusammenstehen, dann hat jeder eine Zigarette im Mund und qualmt vor sich hin. Leider gehört zu dieser Clique seit einigen Wochen auch Mira, ein Mädchen aus seiner Klasse.

„... und suche uns nicht in der Unterführung“

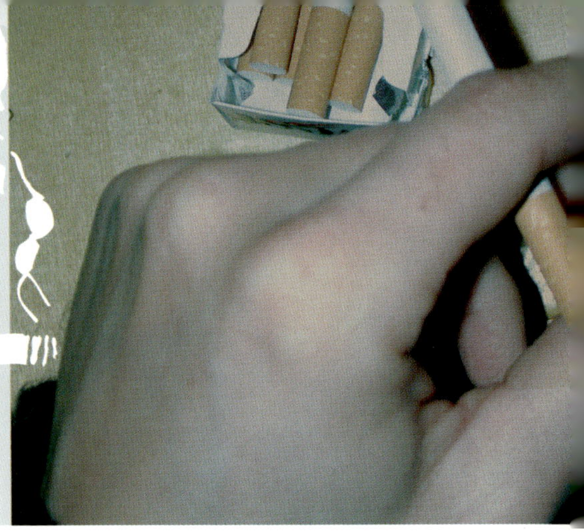

Na ja, Jan findet Mira sehr nett, um es vorsichtig auszudrücken, wahrscheinlich ist er ziemlich verliebt in Mira, aber das gibt er natürlich nicht zu. Jan merkt nur, dass er gerne in ihrer Nähe ist. Und obwohl er weiß, dass Rauchen gar nicht so cool ist, ziemlich ungesund und noch dazu das Taschengeld schrumpfen lässt, spürt er die Versuchung, selbst damit anzufangen, nur damit er auch irgendwie zu der Clique gehören kann.

Du merkst, es gibt so viele Situationen, in denen die Versuchung groß ist, etwas zu machen, zu kaufen oder zu behaupten, was uns eigentlich nicht gut tut. Deshalb ist es keine schlechte Idee, sich ein bisschen Verstärkung „ins Boot“ zu holen. Wer betet, holt sich Verstärkung bei Gott.

In der Schule
In meiner Freizeit
In meiner Klasse
Auf der Schulparty
Bei meinem Job
Im Supermarkt
Bei einer wichtigen Arbeit
Bei einem Streit
Im Urlaub
Bei meinen Freunden ...
Überall gibt es Situationen,
in denen ich versucht bin,
etwas zu tun, was ich „eigentlich“
nicht möchte.

„Eigentlich gibt es ja eigentlich nicht.“

Führe mich nicht in Versuchung,
führe mich dorthin zurück,
wo ich so reden, denken
und mich verhalten kann,
wie ich es wirklich möchte.

Mach mich stark
und selbstbewusst.
Mach mich stark
und dessen bewusst,
dass du, lieber Vater, da bist
und mir Kraft gibst,
anders zu reden,
zu denken und
anders zu leben.
So, wie es mir gut tut.
Und anderen auch.
Amen

„ ... und führe uns nicht in Versuchung ...“

„Die Hölle sind immer die anderen"

Wenn Lena ihre Familie trifft, ist vieles wie früher: Immer wieder passiert es, dass Jan und Lena aneinander geraten und richtig anfangen, sich zu streiten. Meistens geht es um eine Kleinigkeit, aus der dann ein großer Krach werden kann, an dessen Ende in der Regel Jan den Kürzeren zieht. Obwohl beide wissen, dass es viel schöner ist, etwas gemeinsam zu machen und sich zu vertragen, fangen sie immer wieder an zu streiten. Warum ist das so?

In der Nachbarschaft wohnen die Richters, eine ziemlich laute Familie. Oft hört man den Lärm bis auf die Straße. Immer wieder kommt es vor, dass Herr Richter sturzbetrunken nach Hause kommt und dann schon auf der Straße laut rumschreit. Wenn er dann daheim ist, teilt er Prügel aus, schlägt seine Frau und die Kinder. Wenn er nichts getrunken hat, ist er eigentlich ziemlich umgänglich, aber der Alkohol macht alles kaputt. Warum ist das so?

Im Fernsehen, in den Nachrichten sehen wir Berichte von Kriegen, von Folter und Vertreibungen. Brutale Bilder aus aller Welt werden uns da tagtäglich gewissermaßen ins Wohnzimmer geliefert: Jeden Tag verhungern 18 000 Menschen weltweit … und du hast dein Pausenbrot mal wieder weggeschmissen, weil nicht dein Lieblingsaufstrich drauf war. Warum ist das so? Warum gibt es so viele arme Menschen auf dieser Welt, und warum leben wir im Wohlstand? Warum gibt es das alles: Hunger, Krieg, Tod, Verfolgung, Mord?

„... sondern erlöse uns von dem Bösen ...“

Warum konnte so etwas Schlimmes wie das Dritte Reich und der Holocaust in Deutschland, offensichtlich gegen den Willen von vielen Menschen, entstehen? Und: wenn Gott allmächtig ist, warum lässt er das alles zu?

Eine Antwort lautet: Weil wir zu wenig dagegen tun, weil wir nicht mutig genug gegen das Unrecht aufstehen und weil wir uns an unseren Wohlstand so sehr gewöhnt haben, dass wir nicht auf die Idee kommen, diesen Wohlstand aufzugeben, damit andere besser leben können. Gott hat uns Menschen einen besonderen Auftrag gegeben: Wir sind für das, was auf dieser Erde geschieht, mitverantwortlich.

Der amerikanische, schwarze Bürgerrechtler Dr. Martin Luther King hat einmal gesagt: „Wer zum Bösen schweigt, ist ebenso schuldig wie der, der es tut!“

Menschen quälen andre Menschen,
schalten ab und walten stumm,
denken nicht an Konsequenzen,
setzen nur Befehle um,
sehen wenig Sinn im Leben,
treten es mit Stiefeln klein,
können Lust und Macht erleben,
wenn die Folteropfer schrein.

Menschen zwingen andre Menschen
auf den Strich und in die Knie,
sehen nur die eignen Wünsche –
andre Menschen sehn sie nie.
Ihre Seele scheint ein Geldsack,
und sie denken nur daran,
wie man diesen prallen Geldsack
noch und noch mehr füllen kann.

Menschen nerven ihre Nachbarn
und entwickeln Strategien,
wie sie die, die einmal nett warn,
in ein Hassverhältnis ziehn.
Rechtsanwälte schreiben Briefe,
nein, man schaut sich nicht mehr an
und erstickt im eignen Miefe,
weil man sich nicht riechen kann. • • • →

„Die Hölle sind immer die anderen“

Menschen hetzten andre Leute
durch das Leben, in den Tod.
Neben mir im Hier und Heute
lebt ein Mensch in Lebensnot.
Doch ich lege Holz ins Feuer,
lasse „draußen“ draußen sein.
Mensch, du bist mir ungeheuer,
Mensch, da schließe ich mich ein.

Okay … das stimmt schon, wenn wir uns stärker für andere einsetzen würden, dann gäbe es weniger Unrecht. Im Talmud heißt es: „Wer einen Menschen rettet, rettet die ganze Welt!“

Und trotzdem: „Erlöse uns von dem Bösen“ beten wir – und wissen sehr genau, dass es in dieser Welt sehr viel Böses gibt. Woher kommt das Böse? Ist damit das Böse allgemein oder der Böse, also eine Person, gemeint? Steckt das in uns drin oder kommt das von außen? Gibt es den Teufel oder einen Satan, der uns beeinflusst und in eine böse und zerstörerische Richtung treibt? Ganz viele Fragen tauchen da auf einmal auf. Fest steht: Es gibt Böses auf dieser Welt, es gibt Böses in uns selbst. Und das darf man nicht unterschätzen.

Nach dem schrecklichen Attentat am 11. September 2001 auf das World Trade Center in New York sprach der amerikanische Präsident von einer „Achse des Bösen“ und meinte damit die Länder Nordkorea, Iran und Irak. Wenn jemand von einer „Achse des Bösen“ spricht, geht er wohl stillschweigend davon aus, dass es auch eine „Achse des Guten“ gibt; damit meinen jene, die sich so äußern, wohl zunächst einmal sich selbst. – Wenn Jan und Lena streiten, hat immer der andere angefangen, ist immer der andere schuld. Das ist dasselbe Muster, oder?

Jemand hat einmal gesagt: Die Hölle, das sind immer die anderen.

Die Bibel kennt eine ganz andere „Achse des Bösen“, und die verläuft quer durch das Herz aller Menschen. „Das Trachten des menschlichen Herzens ist böse von Jugend auf.“ (1. Mose 8,21) Das lesen wir im Alten Testament. Und im Neuen Testament heißt es: „Aus dem Herzen kommen böse Gedanken wie Mord, Ehebruch, Unzucht, Diebstahl und Lügen …“ (Mt 15,11) Und wieder an einer anderen Stelle schreibt der Apostel Paulus: „Das Gute, das ich tun will, tue ich nicht, das Schlechte, das ich nicht tun will, tue ich!“

„… sondern erlöse uns
von dem Bösen …“

Wo ist Gott,
wenn ein Kind verhungert
und keiner hilft?

Wo ist Gott,
wenn Menschen
andere Menschen
schlagen,
ausbeuten,
gefangen nehmen,
umbringen?

Wo ist Gott,
wenn Menschen
für ihren Glauben
sterben?

Wo ist Gott,
wenn Menschen
vor die Hunde
gehen?

Da ist Gott.
Gott wird
vor unseren Augen
gefangen genommen,
geschlagen,
gefoltert,
umgebracht.
Gott stirbt
für den Glauben.
Gott geht
vor die Hunde.

Und wir,
wir suchen
Gott da,
wo es gemütlich ist
und warm
und wo wir
uns wohl fühlen.

Ob wir
denselben Gott
meinen?

Rainer Haak

„Die Hölle sind immer die anderen"

Wenn wir beten, „und erlöse uns von dem Bösen", dann wenden wir uns an Gott, der das Böse überwunden hat, dessen Liebe stärker ist als das Böse, stärker als der Tod. Wer betet, holt sich Verstärkung bei Gott.

Wenn wir beten, „ … und erlöse uns von dem Bösen", dann beten wir aber auch: „Erlöse uns von uns selbst – mach uns frei, befreie uns mehr und mehr von dem Teil in uns, der immer nur an sich selber denkt, der neidisch, geizig, schadenfroh, streitsüchtig und zerstörerisch in uns wirkt."

An der Werbung kannst du ziemlich klar merken, wie diese Welt tickt. Eine Werbung behauptet z.B., „Geiz ist geil". Tatsache ist: „Geiz ist gottlos", und Geiz gehört zu den Dingen, von denen ich erlöst werden möchte. Du merkst es ja sicher selbst, dass dieser Werbespruch blöd ist, denn wer ist schon gerne geizig – es ist doch schön, wenn man großzügig sein kann. Nur manchmal muss man halt auf sein Geld achten und sich z.B. sein Taschengeld gut einteilen, aber das ist nicht geizig, sondern eher klug.

Wir stellen fest: Das Böse ist da. Und böse Gedanken und Wünsche sind auch in dir und mir drin. Aber: Ich bin kein hilfloser Spielball des Bösen, sondern ich kann etwas gegen das Böse tun. Nur wer das Böse unterschätzt, kann von ihm überwältigt werden.

„... sondern erlöse uns von dem Bösen ...“

Geiz ist gottlos!

Es gibt aber auch Menschen, die haben nicht nur gebetet, sondern sind auch losgegangen und haben wirklich geholfen. Mutter Teresa zum Beispiel. „Und erlöse uns ...“ ist auch ein Appell an uns, Vorbilder zu suchen, die uns helfen, den Kreislauf von Gewalt und Gegengewalt zu durchbrechen: der schwarze Bürgerrechtler Martin Luther King z.B. oder die 21-jährige Sophie Scholl, die als junge Studentin aufgrund ihrer christlichen Überzeugung gegen das Hitlerregime protestiert hat und dafür zum Tod verurteilt wurde. Oder Jesus von Nazareth selbst.

„Von Kraftprotzen
und anderen Herrlichkeiten..."

Wenn Jan an seinem Computer sitzt, kann er alles um sich herum vergessen – das ist sein Reich, seine Welt. Hier kann er die neuesten Computerspiele ausprobieren, und von hier aus kann er seit Neuestem sogar ins Internet. Manchmal treffen sie sich Jan, Tim und Robin, vernetzen ihre PCs und spielen dann gegen- und miteinander, stundenlang. Sie merken gar nicht, wie die Zeit vergeht. In dieser Computerwelt herrschen eigene Gesetze, und sie hat eine ganz eigene Sprache und Logik. Schon lange verstehen die Eltern von Jan nicht mehr alles, was da „abgeht" – aber das hat sich nicht erst beim Computer so entwickelt. Schon als Jan sieben Jahre alt, war hatte er Pokemon Karten gesammelt und war eingetaucht in eine den Erwachsenen gänzlich verschlossene Welt. Fast wie eine Sucht hatte ihn damals die Sammelleidenschaft ergriffen, und jeder Moment in den Schulpausen wurde genutzt, um diese Karten zu vergleichen

„… denn dein ist das Reich und die Kraft und die Herrlichkeit …“

und zu tauschen. Das ist inzwischen schon länger vorbei – und nun sind eben der Computer, die Play Station und das Internet mit seinem schier grenzenlosen Angebot sein Reich.

Bei seinem Freund Tim entdeckt Jan ein neues Computerspiel, ein tolles Ding mit vielen Features, Sounds und Effekten. „Das will ich auch haben! Unbedingt, dieses Computerspiel will ich auch daheim auf meinem PC spielen.“

Aber leider hat er sein Taschengeld für diesen Monat schon ausgegeben. Und nun fängt er an zu maulen und bittet und bettelt, liegt seinen Eltern und seiner Schwester in den Ohren: „Bitte, bitte leiht mir doch die 40 Euro, die das Spiel kostet. Ich zahle es auch gleich nächsten Monat zurück!“ Jan ist ganz besessen von diesem Gedanken – so sehr, dass er richtig schlechte Laune bekommt und wütend ist, dass er sich jetzt nicht sofort dieses Spiel leisten kann. Nicht mehr Jan beherrscht den Computer, sondern auf einmal beherrscht der Computer ihn.

„Dein ist das Reich, die Kraft und die Herrlichkeit.“ Mit einem dreifachen Lob Gottes endet das Vaterunser. Dieses Gebet besteht nicht nur aus Bitten und Klagen darüber, was wir alles brauchen. Beten bedeutet, dass wir – auch wenn einmal ein Wunsch nicht sofort in Erfüllung geht – das Vertrauen haben, dass Gott weiß, was für uns gut ist.

„Dein ist das Reich!“ bedeutet soviel wie: Gott du bist stärker, du regierst eigentlich, du hast das Zepter in der Hand – daran möchte ich glauben, daran möchte ich mich erinnern. In so einer Situation wie gerade mit dem Spiel heißt das: Ich möchte nicht, dass die Habgier und der unbedingte Wunsch nach einem Computerspiel Macht über mich haben, sondern ich möchte, dass deine Liebe und Geduld mich bestimmen. Ich vertraue dir all meine Wünsche an und will gelassen sein – bestimme du mein Leben.

„Von Kraftprotzen und anderen Herrlichkeiten…“

Ich habe Angst.
Angst vor der nächsten
Prüfung.
So viel Angst,
dass ich fast gelähmt
wie ein Kaninchen
im Scheinwerferkegel
sitze und mich
nicht rühren kann.
Die Angst bestimmt
mein Leben und
meine Träume.

Ich habe Wut.
Wut auf meine Eltern.
Die kapier'n
aber auch gar nichts.
Nur weil ich abends
mal länger wegbleiben will,
machen sie so ein Theater.
Am liebsten
würde ich abhauen.
Ich schäume.
Ich bin blind vor Wut.

Ich habe Stress.
Habe nur noch Stress:
Morgens früh raus,
dann in die Schule,
sechs Stunden
konzentriert arbeiten,
dann nach Hause,

„... denn dein ist das
Reich und die Kraft und
die Herrlichkeit ...“

Mittagessen,
Hausaufgaben.
Danach Theater AG,
Abendessen,
und manchmal
ist auch abends
noch was.

Mir ist so langweilig.
Die Schule
ödet mich an.
Meine Eltern nerven,
Freunde habe ich keine.
Fernsehen
ödet mich an.
Sport ist Mord.
Am liebsten
würde ich den
ganzen Tag
am PC spielen.
Oder im Bett
liegen bleiben
und Musik hören.

Ich erinnere mich:
Dein ist das Reich.
Dein ist meine Angst,
dein ist meine Wut,
mein Stress,
meine Langeweile.
Ich bringe sie dir, Gott.
Unser Vater,
hilf mir,
dass sie mich
nicht länger
beherrschen,
sondern regiere du
mit deiner Liebe,
Freude und Fantasie
– mein Leben
und meine Gedanken.

Dein ist das Reich.
Gott, so bist du
und das kannst du,
das weiß ich!
Amen.

„Volle Kraft voraus..."

„Da bin ich mal wieder schwach geworden ...", schmunzelt Lena vor dem Spiegel. Sie hat nämlich einen Sonnenbrillen-Tick. Sonnenbrillen in allen Farben, Größen und Lichtstärken – an die 70 dieser Exemplare hat sie schon in ihrer Sammlung. Darunter echte Raritäten, wie z.B. die absolute Sonnenschutzbrille anlässlich der letzten Sonnenfinsternis, aber auch zwei aus Spanien, eine aus Frankreich, und die rot-weiße hat ihr mal ihr Papa aus der Schweiz mitgebracht.

Wenn wir „mal wieder schwach werden", dann hängt das meistens damit zusammen, dass wir nicht genug Kraft haben, „nein" zu sagen. Das ist in dem Fall von Lenas Brillentick nicht so schlimm, aber es gibt viele andere Situationen, in denen wir Kraft brauchen, einem spontanen Wunsch oder auch einer Versuchung zu widerstehen. Wenn wir vorhin gebetet haben: „Und führe uns nicht in Versuchung", so kommt jetzt noch einmal die Bestätigung: „Gott, ich weiß, du kannst das, denn du hast die Kraft, bitte schenk mir deine Kraft, leih mir deine Kraft! – Denn dein ist das Reich. Und die Kraft."

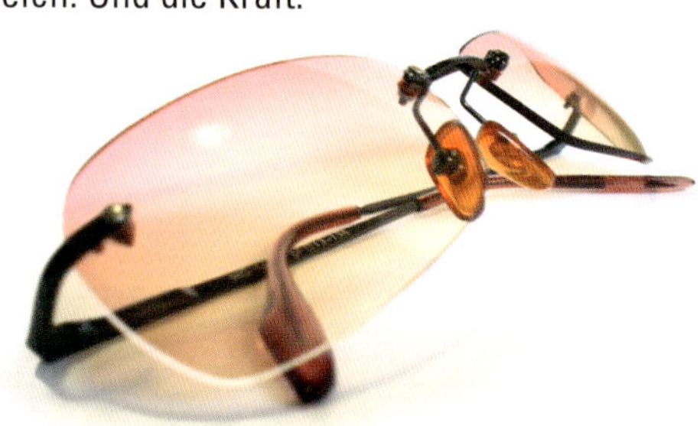

„Dein ist … … (und) die Kraft"

Kraft ist ein ziemlich dickes Thema. Überall geht es um Kraft, um Energie. Und darum, wie man diese Kraft am besten und am sinnvollsten einsetzen kann und sollte. Am klarsten wird die Bedeutung von „Kraft" beim Thema Umweltschutz. Wir Menschen in den reichen Ländern verbrauchen unglaublich viel Energie. Und Energie, das ist Kraft.

Nun stell dir einmal vor, was passieren würde, wenn wir plötzlich keinen Strom, kein Heizöl und kein Benzin mehr hätten: Die Heizung würde nicht funktionieren. Du könntest nicht mehr warm duschen. Das Wasser würde mehr und mehr verschmutzen, weil die Kläranlagen nicht mehr funktionieren. Es gäbe keinen Kühlschrank, keinen Herd, keine Lampen, keinen Computer, keine Stereoanlage, keinen Fernseher, die funktionieren. Du könntest nur noch dahin gelangen, wo du zu Fuß oder mit dem Fahrrad hinkämst. – Irgendwie unvorstellbar, oder? Und doch ist es noch gar nicht so lange her, dass es das alles nicht gab. Wir haben uns in den letzten 100 Jahren an einen Lebensstil gewöhnt, bei dem wir sehr viel Kraft, sehr viel Energie verbrauchen.

Mit dem Verbrauch dieser Energie wird die Umwelt immer stärker belastet, und aus dieser Belastung entstehen die Erderwärmung und der so genannte Treibhauseffekt. Seit dem 16. Februar 2005 ist das Abkommen von Kyoto gültig. Dieses Abkommen wurde von 141 Staaten unterzeichnet und soll langfristig bewirken, dass wir unsere Treibhausgas-Emissionen immer stärker reduzieren und gleichzeitig all jene Energien fördern, die eben keine oder viel weniger Schadstoffe erzeugen. Die also besser sind für die Erde und die Menschen – vor allem auf längere Sicht gesehen. Für unsere Kinder. Und deren Kinder.

Wenn wir an die Menschen nach uns denken oder schon an unsere eigene Zukunft in vielleicht zwanzig Jahren, dann stellt sich die Frage: Wie werden wir denn einmal leben, wenn die Ölreserven aufgebraucht sind?

Gibt es dann keine Autos mehr? Wie bewegen wir uns dann fort? Wie heizen wir unsere Häuser, Schulen und Krankenstationen? Und welche Rolle spielt in Zukunft die Atomenergie, die Sonnen- und Windenergie?

„Volle Kraft voraus…“

Wusstest du übrigens, dass Mineralöl, Erdgas, Stein- und Braunkohle und die Atomenergie nach wie vor rund 98 % unserer Energie erzeugen – und dass die erneuerbaren Energien, wie Wind- und Wasserkraft, sowie Solarenergie bisher nur einen ganz kleinen Beitrag zu unserer Energieversorgung leisten?

Du merkst, da haben wir als Erdbevölkerung unsere „Hausaufgaben nicht gemacht“, und da gilt es noch sehr viel zu forschen und zu entwickeln. Auch Ideen, wie wir gut mit der Energie umgehen können, die uns noch bleibt. Du selbst kannst mithelfen Energie zu sparen, indem du z.B. nicht unnötig das Licht brennen lässt, indem du die Heizung runterdrehst, wenn du nicht in deinem Zimmer bist, indem du nicht endlos lange duschst und zwischendurch mal das Wasser ausmachst, indem du dich nicht zu allem möglichen Events fahren lässt, sondern mit dem Fahrrad fährst oder läufst oder einen Bus nimmst. Nur wenn alle mitmachen, nur wenn jeder darauf achtet, wie und wo wir Energie sparen können, können wir verhindern, dass uns irgendwann „der Saft“ ausgeht und dass das Klima auf dieser Erde zwischen Treibhauseffekt und Energienotstand völlig zusammenbricht.

Noch ein anderes Beispiel zum Thema „Kraft“: In den vergangenen Jahren sind die Fitness-Studios wie Pilze aus dem Boden geschossen. Die Leute wollen ihre Kraft trainieren, und viele haben das Gefühl, wenn sie gut durchtrainiert sind, geht es ihnen besser, und dann sehen sie auch besser aus. Das Schlüsselwort dabei ist Dranbleiben. Durchhalten. Weitermachen. Man könnte auch sagen: Disziplin ist alles, wenn’s um Kraft haben und Kraft behalten geht.

„Dein ist ...
... (und) die Kraft“

Genauso gibt es Situationen, in denen ich nicht äußere, sondern innere Kraft brauche, die ja über die rein körperliche Disziplin klar hinausgeht. Jesus erklärt uns das an einem Beispiel. Er sagt in der so genannten Bergpredigt: „Seine Freunde lieben, das kann jeder, ich aber sage euch: Liebt eure Feinde, segnet, die euch verfluchen, tut Gutes denen, die euch hassen.“

Da sagt doch der eigene Menschenverstand erst einmal: Nö, das kann ich nicht, will ich nicht und mach ich nicht!

Doch Jesus weiß genau, was er sagt – und was er selbst lebt. Und das hat mit innerer Kraft zu tun. Er hat sie. Und er durchbricht so den alten Kreislauf von Gewalt und Gegengewalt, indem er bereit ist, einseitig abzurüsten und die entwaffnende Kraft der Liebe ins Spiel zu bringen. Das entwaffnet die Gegner oder Feinde. Auch Gewohnheiten wie Verschwendungssucht und gedankenloses Energieverbrauchen sind unsere Feinde. Und die lassen sich genauso entwaffnen: einfach indem wir einen neuen Weg einschlagen.

Da spielt nun das Vaterunser eine wichtige Rolle. Unmittelbar nachdem Jesus diese scharfen und provokanten Aussagen zu diesem Entwaffnen durch Liebe und neue Gewohnheiten gemacht hat, bringt er seinen Jüngern und Zuhörern das Gebet Vaterunser bei mit dem „Dein ist das Reich. Und die Kraft“.

Er sagt damit: Da, wo du mit deiner Kraft am Ende bist, darfst und kannst du auch auf die Kraft Gottes bauen und vertrauen. Sie ist die Kraft der Liebe, und die ist stärker als der Hass und der Tod. Diese Kraft kann uns auch helfen, die Zukunft dieser Erde verantwortlich zu gestalten. ✸

„Ach, ist das herrlich…“

„Ach, ist das herrlich!“, juchzt Lena und räkelt sich genüsslich in ihrer Badewanne. Den ganzen Tag hat sie Stress mit der Schule gehabt, dann Hausaufgaben, Theater AG und noch zwei Stunden Nachhilfe gegeben. Und nun ist sie einfach platt. Sie hat ein paar Kerzen angezündet, ihre Lieblings CD aufgelegt und sich mit einem spannenden Buch und einem Glas Orangensaft in die Badewanne verkrümelt.

„Dein ist … die Herrlichkeit“, beten wir im Vaterunser – es ist herrlich, bei Gott zu sein. Das Wesen Gottes ist herrlich, wunderschön – atemberaubend.

In früheren Zeiten hat man versucht, die Herrlichkeit Gottes in Kirchengebäuden durch eine beeindruckende Bauweise, Goldverzierungen, prunkvolle Altäre und wunderbare Gemälde darzustellen. Die Menschen saßen mit offenem Mund in der Kirche und waren beeindruckt von der Herrlichkeit, von dem übermächtigen Klang der Orgel, von den vielen Kerzen, von den Gewändern, Düften und Klängen. Und haben etwas davon geahnt, wie viel herrlicher Gott, der Herr der Welt, sein muss. Heutzutage haben wir das ein bisschen verlernt: Gottesdienst so zu feiern, dass uns dabei staunend der Mund offen stehen bleibt. Aber man könnte ja mal nachdenken, wie man einen „HERRlichen Gottesdienst“ feiern könnte!

Wer mit Gott lebt und wer Jesus folgt, kann tatsächlich herrliche Dinge erleben. Und er wird sensibel und offen für die herrlichen Dinge, die uns in unserem Alltag und in Gottes guter Schöpfung begegnen.

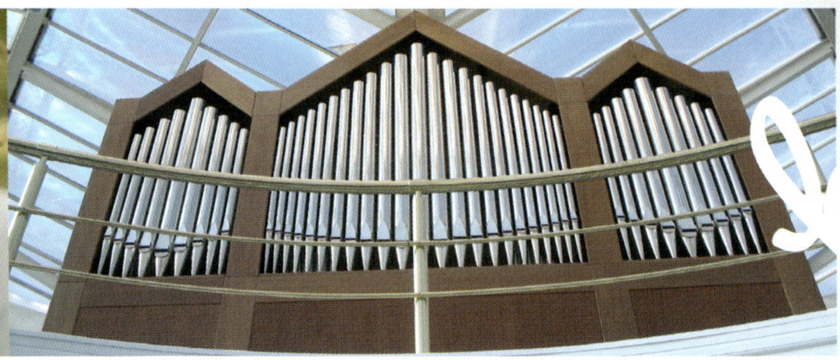

„Dein ist …
… (und) die Herrlichkeit“

„Ach, ist das **herrlich…**"

Wie herrlich:
Du bist gesund.
Wie herrlich:
Du lebst in einem freien Land.
Wie herrlich:
Du kannst dich entfalten.
Wie herrlich:
Du hast Freunde.

Wie herrlich:
Morgen kann ich ausschlafen.
Wie herrlich:
Wir fahren bald in Urlaub.
Wie herrlich
war dieses gemütliche Essen.
Wie herrlich:
Ich habe eine schwere Arbeit hinter mir
und habe sie gut geschafft.

„Dein ist ...
... (und) die Herrlichkeit"

Wie herrlich:
Ein Spaziergang im Wald.
Wie herrlich:
Ein Tag am Meer.
Wie herrlich:
Ein kühlender Regen.
Wie herrlich:
Das Säuseln des Windes.

Wie herrlich:
Gott ist unser Vater.
Wie herrlich:
Er liebt mich, so wie ich bin.
Wie herrlich:
Gott kennt meine Fragen.
Wie herrlich:
Ich bin sein Wunschkind.

Wie herrlich:
Ich kann mich entfalten.
Wie herrlich:
Er hat mich im Blick.
Wie herrlich:
Ich bin nicht alleine.
Wie herrlich:
Immer hat er ein Ohr
für mich frei.
Gott hört mein Gebet.

„Für immer und ewig …“

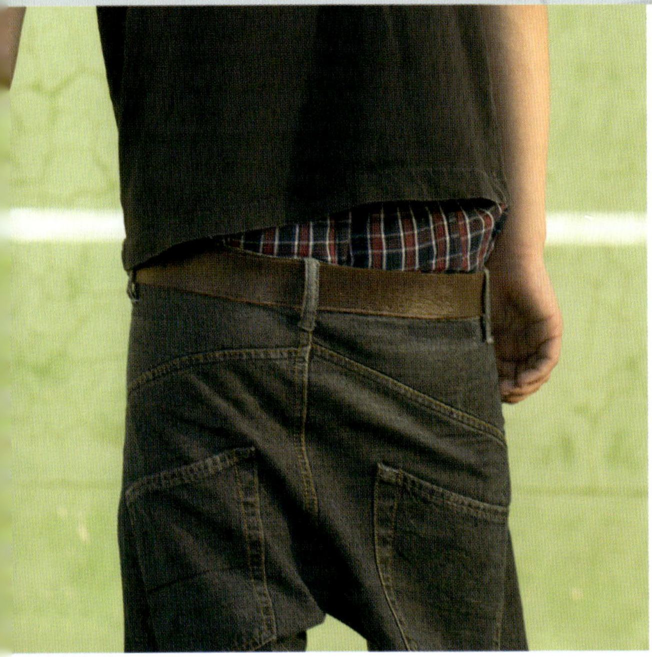

„Manno, das dauert ja eine Ewigkeit!“ Ungeduldig rüttelt Jan an der Toilettentür. Lena ist mal wieder auf Besuch. Sie liefert ihre Schmutzwäsche ab und ist gleich auf dem Klo verschwunden … und da sitzt sie nun schon seit zehn Minuten. Und Jan muss doch so dringend! Sicher, er könnte auch unten aufs Gäste-WC gehen, aber oben ist es nun mal gemütlicher, und außerdem liegen da Comics und Autozeitungen zum Blättern ....

Es ist schon eigenartig, wie unterschiedlich wir die Zeit empfinden.

Da gibt es Tage, an denen wir etwas erledigen müssen oder sollen, was uns überhaupt keinen Spaß macht – da will und will die Zeit einfach nicht vergehen. Und manchmal gibt es Stunden und Tage, da vergeht die Zeit wie im Flug – im Urlaub z.B. oder bei einem schönen Film oder bei der intensiven Beschäftigung mit einer spannenden Aufgabe.

Am Ende unseres Gebetes Vaterunser steht: „in Ewigkeit. Amen!“ Aha. So ist Gott: Er beherrscht diese Welt und den Kosmos, bei ihm finde ich die Kraft zum Leben, und es ist herrlich und wohltuend, sich auf seine Gegenwart einzulassen. So ist Gott für immer, für alle Zeit. Wenn du dich auf nichts verlassen kannst – darauf kannst du dich verlassen. Das ist keiner Mode, keinem Trend unterworfen. Das kann auch nicht abgewählt werden, nein, das ist und bleibt so.

Und weil Gott so ist und so bleibt – zuverlässig, ohne jegliche zeitliche Beschränkung, deshalb kann ich auch und können Menschen für alle Zeit so zu ihm beten, wie wir es im Vaterunser quasi buchstabieren lernen.

Und das „Amen“ ist in der Bibel wie ein unzerbrechliches Siegel, das diese Aussage noch einmal mit einem kräftigen „So ist es!“ unterstreicht.

„... in Ewigkeit. Amen...“

[„Für immer und ewig …"

Die Liebe
Gottes, unseres Vaters,
reicht
in alle Bereiche
deines Lebens.
Du hast die Wahl,
du kannst entscheiden,
wer und was
dein Leben
beherrscht,
bestimmt
und prägt.

Die Kraft
Gottes, unseres Vaters,
stärkt
deinen Willen
und deinen Mut.
Bilder und Worte,
Lieder, Gebete,
und Menschen
helfen dir leben,
wenn du
es willst.

„... in Ewigkeit. Amen..."

Herrlich!
Gott, unser Vater,
Schöpfer
des Lebens,
öffnet dir
Augen,
Ohren
und Herz.
Wunder
der Schöpfung
lassen sie uns
ahnen,
seine Herrlichkeit.

Ewig!
Gott, unser Vater,
hat es
nicht eilig,
sondern
hat Zeit.
Und alles
gilt
in Ewigkeit!
So
und nicht anders
war es,
ist es
und so
wird es sein.